남자와 여자, 정말 평등할 수 있을까?

민음 바칼로레아 021

남자와 여자,
정말 평등할 수 있을까?

루시엥 샤비 ｜ 강동우 · 백혜경 감수 ｜ 윤소영 옮김

민음in

차례

질문 : 남자와 여자, 정말 평등할 수 있을까?

성(性)에 관한 담론은 시대가 바뀌면서 점점 더 중요한 화두로 떠오르고 있다. 과거 권위와 통제의 시대에는 극구 감추고 싶어했지만 근래에 들어 자율과 개방의 시대가 되면서 드높아진 본성의 목소리를 더 이상 누르기가 힘들어졌기 때문이다.

오늘날 영화나 드라마, 광고에서 섹시 코드는 빼놓을 수 없는 요소가 되었고, 일상적인 대화에서도 성은 주된 화젯거리 가운데 하나가 되었다. 세계 보건 기구(WHO)*에서는 건강을 정의하는 데 성에 관련된 것까지 거론하고 있다.

과거에 금기시되었던 혼전 성 관계도 이제는 자연스러운 일이 되었을 뿐만 아니라 사랑하는 사이가 아닌 관계에서도 성생활이 적지 않게 이루어지고 있는 실정이다.

이제 결혼과 같은 기존의 사회적인 개념으로서 남녀의 결합은 차츰 힘을 잃어 가는 반면, 육체적인 성숙과 균형을 바탕으로 한 성적인 조화를 추구하려고 하는 이성 간의 결합 욕구는 점차 강해지고 있다. 그래서인지 아름다운 사랑을 다룬 이야기에서조차 성 관계를 묘사한 장면은 약방에 감초처럼 빠지지 않고 나온다.

남자들은 마치 여자들만의 비밀을 전혀 모르는 것처럼 늘 여자라는 존재에 대해 더 많은 것을 알고 싶어 한다. 그리고 여자들도 마찬가지로 남자와, 남자의 성에 대해 기회만 주어진다면 많은 질문을 던지며 자신들의 궁금증을 풀려고 애쓴다.

사실 남자와 여자는 매우 다르다. 흔히 세상의 절반은 남자이고 나머지 절반은 여자라고 말하듯, 성은 인류를 크게 둘로 나누는 가장 명확한 기준이 되어 왔다. 물론 여기서 남자와 여자가 다르다는 말은 한 성에 대한 다른 성의 우위를 뜻하는 것은 아니다.

● ● ●

세계 보건 기구(World Health Organization) 국제 연합 산하의 조직체로서 보건 · 위생 분야의 국제적인 협력을 위해 1948년에 설립되었다. 세계의 모든 사람들이 가능한 한 최고의 건강 수준에 도달하게 하는 것을 목적으로 한다. 현재 가맹국은 191개국이며 본부는 스위스 제네바에 있다.

하지만 예외없이 성도 여전히 강한 쪽이 영향력을 행사하고 약한 쪽은 그것을 받아들이는 불공평한 동맹 관계를 유지하고 있다. 평등이라는 의미에서 볼 때 성적 차별이 많이 사라지긴 했지만 아직도 해결해야 할 문제는 쌓여 있는 셈이다. 성적 차별은 여전히 수많은 오해와 원한을 품게 하고 갈등을 만들어 내고 있기 때문이다.

이러한 남자와 여자, 두 성 간의 불화는 과연 해소될 수 있을까? 아니면 앞으로도 계속 남아 있을 수밖에 없는 걸까?

이 책에서는 먼저 생물학적인 성별이 어떻게 결정되고 남자와 여자의 성적 반응이 어떻게 다르게 나타나는지 해부학적인 연구를 바탕으로 살펴볼 것이다. 그러나 신체가 갖는 생물학적인 면만으로는 성 정체성˚을 다루는 데 한계가 있으므로 한 사

•••

성 정체성 성은 크게 생물학적인 성(sex)과 사회·문화적으로 구성되는 성(gender)으로 나눌 수 있다. 사람들은 생물학적으로 자신이 남자인지 여자인지 유아기 때 자연스럽게 알게 되지만 사회적으로 자신이 남자인지 여자인지는 자아 개념이 확립되어 가는 사춘기 이후에야 제대로 인식한다. 이렇듯 성 정체성은 단순히 생물학적인 성을 인식하는 것을 넘어서 총체적으로 자신의 성에 대해 내적으로 경험하는 것을 말한다. 곧 '나는 남자' 혹은 '나는 여자'인 것을 심리적으로 수용하고 인정하는 것이라고 볼 수 있다. 이에 대한 자세한 내용은 본문에서 다시 살펴볼 것이다.

람이 태어나 어른으로 성장하면서 어떻게 자신의 성 정체성을 찾아가는지도 함께 다룰 것이다.

그리고 외부 세계나 사회가 성이라는 부분에 어떤 영향을 주었는지 살펴보고, 성 혁명의 발자취를 더듬어 볼 것이다. 나아가 근래 들어 새롭게 대두되는 오르가슴˚의 강조, 대화, 성적 능력 등과 같은 말로 표현할 수 있는 새로운 성 질서가 정말로 남자와 여자 모두에게 행복한 사랑을 보장해 줄 수 있는지 알아볼 것이다.

• • •

오르가슴(orgasm) 성 흥분의 최고 단계에서 느끼는 성적 극치감.

1

남자와 여자의 몸은
어떻게 다를까?

어떻게 남자 또는 여자로 태어나는가?

성은 여러 가지 요소가 복합적으로 결합된 개념이다.

유전학적으로 볼 때, 성별을 결정하는 염색체는 X 염색체와 Y 염색체가 있는데, 남성은 X 염색체 한 개와 Y 염색체 한 개를 가지고 있으며, 여성은 X 염색체만 두 개 가지고 있다. **호르몬**˚의 경우, 남자는 안드로겐˚이라는 남성 호르몬을, 여자는 에스트로겐˚이라는 여성 호르몬을 지닌다. 이는 특히 사춘기 과정에서 **2차 성징**을 발현시킨다. 즉 남녀 모두 외부 생식기(남

● ● ● ●

호르몬 동물체의 내분비 기관에서 형성되어 체내의 여러 기관으로 운반되고 그곳에서 특정한 영향을 미치는 화학 물질.

자는 음경, 여자는 외음부)와 겨드랑이에 털이 난다. 남자의 경우 얼굴에 수염이 나고 목소리가 굵어지며 어깨 근육이 발달한다. 그리고 정액이 요도를 통해 몸 밖으로 빠져나오는 사정 현상이 나타난다. 한편, 여자의 경우 몸에 피하 지방이 증가하고 골반과 유방이 커지면서 곡선적 체형이 된다.

🍎 마지막으로 사회 심리학이나 행동 심리학을 포함한 **성 심리학**적 측면에서 사회적인 태도를 결정하는, 자신이 속해 있는 성에 대한 의식이 형성된다.

🍎 생물학적인 면에서 남녀로의 **성 분화**는 아주 복잡한 과정을 거쳐 이루어진다. 가장 보편적인 특징에 따라 구분되는 각 단계는 모두 두 가지 방향 중 한쪽으로 발달해 간다. 그래서 여러 신체 발달 과정을 거치면서 유기체는 마침내 다른 성으로는 되

● ● ●

안드로겐 남성의 2차 성징의 발현과 성욕을 관장하는 호르몬으로 남성의 정소에서 대부분 만들어지는데, 일부는 부신에서도 분비된다. 여성의 경우 난소와 부신에서 만들어진 안드로겐은 성욕과 성기 조직의 유지에 일부 관여하며 여드름이 생기는 원인이 된다. 하지만 분비량이 남성에 비해 훨씬 적기 때문에 사춘기가 되어도 남성보다 피지 생성량도 적고 여드름의 정도도 약하다. 정소 호르몬이라고도 한다.

에스트로겐 여성의 2차 성징을 발현시키며 월경 주기 조절에 관여하고 임신 때 모체 변화를 야기한다. 주로 난소의 난포에서 분비되고, 임신 때는 태아의 태반계, 부신, 정소 등에서 분비된다. 난포 호르몬이라고도 한다.

돌아갈 수 없는 어느 지점에 도달한다.

맨 처음 태아의 미래 성별을 결정하는 것은 정자이다. 난자가 무수한 정자들 중 어떤 것과 수정되느냐에 따라 달라진다. 그 다음에는 Y 염색체를 가진 남자 태아는 고환에서 생성되는 남성 호르몬인 **테스토스테론**˚에 의해 남자로서의 성질을 부여받는다. 테스토스테론이 없으면 태아는 여성화된다. 여성성은 육체에 남성성을 자리 잡게 하는 테스토스테론에 대응해서 생겨나는 자연스러운 속성이라 할 수 있다. 이 원리는 대부분의 포유동물에게도 적용된다.

하등 동물의 경우 이와 같은 생식 분화 과정이 뇌 분화에도 마찬가지로 적용된다. 곧 뇌 조직은 테스토스테론이 있으면 수 컷화하고 테스토스테론이 없으면 암컷화하는 것이다. 그리고 하등 동물의 짝짓기 방식은 이런 뇌 분화에 따라 결정된다.

사실 동물의 성적 경향에 관한 연구는 그들의 특정한 행동과 태도를 관찰한 결과에 근거를 두고 있다. 그러나 인간 남녀

● ● ●

테스토스테론 대표적인 남성 호르몬으로 정소(고환)에서 만들어지며 생식 기관을 발달시키고 2차 성징을 발현시킨다. 즉 얼굴에 수염이 나게 하고 근육 조직을 성장시키며, 목소리를 굵게 만들고 어깨가 넓어지게 한다. 남성 호르몬을 총칭하는 호르몬인 안드로겐 중 하나이다.

가 짝짓기 하는 데에는 별다른 특징을 찾아볼 수 없다.

크면서 남자와 여자의 몸은 어떻게 달라지는가?

여자의 생식 기능은 일정한 시기가 되면 달라지지만 불연속적인 것이 그 특징이다. 또 첫 월경을 시작으로 매달 하게 되는 월경, 첫 경험, 임신과 출산, 갱년기˙까지 일련의 과정이 혈액과 연관되어 있다.

남자의 생식 기능은 여자에 비해 두드러지게 나타나지는 않지만 일정한 단계를 거쳐 발달해 가는 것이 그 특징이다. 또한 남자는 몽정,˙ 사춘기, 여드름, 체모의 성장, 변성기, 자위, 첫 경험, 발기 불능, 성 기능 퇴행과 같은 생리적 변화 과정을 겪게 된다.

남자의 성기는 비뇨와 생식이라는 두 가지의 역할을 수행하

● ● ●

갱년기 인체가 성숙기에서 노년기로 접어드는 시기로 여자의 경우 생식 기능이 없어지고 월경이 정지된다. 폐경기라고도 한다.
몽정 수면 중에 성적으로 흥분하는 꿈을 꾸고 사정(射精)하는 것.

는 기관이다. 반면 여자의 음핵(클리토리스)은 해부학적으로 크기만 다를 뿐 남자의 성기 모양과 비슷하고 혈관으로 이루어져 있으면서 순전히 성적 쾌락을 위한 기관이다.

생식의 임무를 부여받은 여자의 질은 남자들에게는 감각적이고 관능적으로 다가가는 부위이다. 그래서 여자들이 성적 쾌감을 느끼는 것도 다 질에서 비롯된다고 믿고 있다. 다시 말해 삽입을 통해서만 여자를 기쁘게 만들 수 있으므로 남자가 꼭 필요하다고 생각하는 것이다.

이는 지극히 남성 중심적인 사고에서 비롯된 것으로 G스폿*에 집착하는 것도 그중에 하나라고 할 수 있다. 그러나 질이 오르가슴을 가져다준다면 그것은 질 자체로부터 오는 오르가슴은 아닐 것이다. 어쨌든 오랫동안 여자들은 성적 흥분이 가슴에서 온다고 여기면서 질이라는 기관을 무시해 왔다.

여자의 가슴은 남자의 성기와 마찬가지로 성적 기쁨을 주기

● ● ●

G스폿(G-spot) 독일 의사 그라펜베르크가 발견한 여성의 성감대로, 질 안에 있으며 음핵처럼 성적 자극에 아주 민감한 부위를 말한다. 이 부위를 자극하면 오르가슴일 때 여자도 남자처럼 액체가 나올 수도 있는데, 이것은 개인차가 크다. 최근 성의학에서는 G스폿의 존재를 인정하고 있으며, 남성의 전립선이 여성에서 퇴화된 상태로 본다.

도 하지만 모유를 생산함으로써 두 가지 역할을 동시에 수행한다. 또 여자의 가슴은 여성스러운 매력의 하나로서 다른 사람들의 눈길을 사로잡을 뿐만 아니라 스스로에게 자신감을 심어주기도 한다.

거꾸로 여자들은 임신과 출산, 그리고 갱년기를 거치면서 자신의 아름다운 가슴이 점점 매력을 잃어 갈 때 여성으로서의 자기애에 상처를 받기도 한다.

남자와 여자의 성적 반응은 어떻게 다른가?

남자와 여자는 성적 반응에서 큰 차이가 없다. 혈관과 신경의 메커니즘이 동일하기 때문이다.

남자의 경우, 다른 영장류처럼 어떤 상황에서든 삽입을 가능하게 해 주는 뼈가 성기 속에 없다. 그래서 남자는 자율 신경계*의 '욕구' 없이는 발기되지 않는다.* 유명한 비아그라와 같은 발기 촉진제도 발기를 유지시키는 것을 도와줄 뿐, 욕구 자체에 영향을 주는 것은 아니다.

여자의 경우도 자율 신경계의 도움 없이는 질이 촉촉하게 젖지 않고 근육이 이완되지 않아 삽입을 어렵게 한다. 그래서 쾌락을 추구하려다 오히려 고통을 당할 수도 있다.

남자와 여자 모두 성적 반응은 성욕기,*홍분기,*절정기*의 세 단계로 전개된다. 남자들은 홍분기에서 절정기까지 매우 빨리 도달하는 데 반해 여자들은 남자들보다 느린 편이다. 또한 오르가슴을 느끼는 것도 남자들은 단 한 번뿐이지만 여자들은

● ● ●

자율 신경계 의지와 관계없이 신체 내부의 기관이나 조직의 활동을 통제하고 조절하는 신경계. 자율 신경계는 운동과 지각을 맡고 있는 뇌척수 신경계와는 달리 의식에서 비교적 독립하여 작용하고 있지만, 감정이나 행동과 밀접한 관련이 있고, 장기나 혈관의 운동, 장기나 피부의 선(腺) 분비 작용을 지배한다. 자율 신경계는 교감 신경과 부교감 신경으로 이루어져 있으며, 신체의 여러 장기는 두 신경의 길항 작용에 의해 조절된다.

발기 과정 성적인 자극이나 성적 환상을 경험하게 되면 신경들을 통해 인체로 정보가 전달되어 반응이 일어난다. 심장 박동수가 증가하고 근육이 긴장하며, 땀이 나고 가슴이 뛰기 시작한다. 또한 특정 동맥들이 확장하여 혈류가 증가하게 됨으로써 음경이 꼿꼿하게 서게 된다.

성욕기 성적인 욕망이 생기는 시기로, 성적 자극이 주어지거나 성적인 생각에 따라 성행위나 성적 내용에 몰두하는 성 반응의 초기 단계이다.

홍분기 성적인 홍분이 유발됨으로써 남성은 음경이 발기하고 팽창하며, 여성은 질의 분비물이 많아지면서 윤활해지는 단계이다. 성적 홍분이 상당히 상승된 상태로 발전하며, 홍분기의 후반부에는 약간만 자극하면 오르가슴에 도달할 수 있는 시기이다.

절정기 일명 오르가슴기로 성 감각 중에서 최고의 쾌감을 느끼게 되는 단계이다. 절정기 후에는 그때까지 일어났던 여러 가지 생리적 반응이 완만한 평상 상태로 되돌아간다.

일단 절정에 이르고 나면 여러 번 느낄 수 있다.

성적 흥분은 시각, 후각과 같은 감각 기관으로부터 전달되기도 하고 환상이나 상상, 추억을 떠올림으로써 유발되기도 한다. 그리고 오르가슴을 느끼는 순간은 매우 짧다. 남자에게 오르가슴은 사정과 동시에 찾아오지만, 여자에게 오르가슴은 절정의 단계에서 매우 다양하게 찾아온다.

그런데 오르가슴은 저절로 생기는 것은 아니다. 남자든지 여자든지 간에 오르가슴은 신체적으로 강한 흥분 상태에 이르러 근육이 긴장되고 심장 박동수가 빨라지며 혈압이 올라가고 숨소리가 거칠어지면서 찾아오는 것이다. 그야말로 성적인 기쁨은 온몸이 함께 동참함으로써 생겨난다고 할 수 있다.

오르가슴은 1차 성감대는 물론 **2차 성감대**와도 관계가 있다. 2차 성감대는 보통 성적 쾌락이 시작되는 단계에 도움이 된다. 2차 성감대에는 입술, 목, 배, 넓적다리, 엉덩이와 같은 생식기 이외의 신체 부위와, 유방, 아랫배, 회음,* 항문과 같은 생식기 주변 부위 또는 음낭,* 음낭 외피, 음순,* 질전정,* 치골과 같

• • •

회음 사람의 생식기와 항문 사이.

은 생식기가 있다.

남자의 경우 음경(페니스)의 귀두와 포피[*]를 **1차 성감대**라고 🍎
할 수 있다. 이 부위가 소위 '쾌감의 핵심 지대'이다. 조루[*]로
고통을 겪고 있다면 마취 성분이 있는 젤을 포피에 발라 사정
을 늦추게 할 수도 있지만 일시적인 효과가 있을 뿐 치료가 되
지는 못한다.

여자의 경우 자극을 받아들이는 주요한 부분은 음핵과 질이
다. 여자의 1차 성감대는 전기를 저장하고 과부하를 방지하는
장치인 콘덴서에 비유할 수 있다. 흥분 단계에서 긴장을 하다
가 오르가슴의 작용으로 사정을 한 뒤, 1차 성감대는 어떤 자
극도 받아들이지 못하게 되고 더 이상의 자극은 오히려 고통과

● ● ●

음낭 남자의 생식기로 음경 뒤에 있는 사루 모양의 피부로 그 안에는 두 개의 고
환이 들어 있다.
음순 여자의 생식기 중 외음부의 일부로서 요도와 질을 좌우에서 싸고 있는 한
쌍의 주름이다. 여기에는 대음순과 소음순이 있다.
질전정 여성의 외부 생식기의 한 부분으로 좌우의 소음순에 둘러싸여 있으며 요
도구와 질구가 있다.
포피 음경의 귀두를 덮고 있는 피부. 포피를 벗겨 내는 수술을 포경 수술이라고
하는데, 최근에는 포경 수술의 필요성이 별로 없다고 보는 견해가 대세다.
조루 성교를 할 때 남자의 사정이 비정상적으로 너무 빨리 이루어지는 것을 말
한다.

불쾌감을 가져다준다.

오르가슴을 느끼기 위해서는 대부분 1차 성감대를 자극해야 한다. 그러나 남자들은 보통 에로틱한 꿈을 꾸면 성기가 직접 자극을 받지 않아도 사정을 한다.

마찬가지로 여자들도 잠을 자면서 꿈을 꾸는 동안 갑작스럽게 오르가슴이 찾아올 수 있다. 따라서 오르가슴이 반드시 생식기의 흥분과 관계되어 있다고 말할 수는 없다.

2

성 정체성은
어떻게 만들어지는가?

성 정체성이란 무엇인가?

성 정체성이란 육체적인 구조가 어떠하든지 간에 남자나 여자로서 각각 자신의 성에 소속감을 갖는 것을 말한다. 이러한 성 정체성이 문제를 일으켜 장애를 겪을 때 나타나는 현상이 성전환증이다.

성전환증°은 외모는 여자인데 자신을 남자로, 또는 남자인데 여자로 착각해 생리적·호르몬적으로 결정된 육체적인 성

• • • •

성전환증 육체적인 성과, 행동이나 태도에 의한 성적 역할이 서로 일치하지 않는 것이다. 성전환증은 성행위 시 비정상적으로 편향된 성적 행동을 하는 성도착증이나, 성행위에서 반대편 성의 역할을 수행함으로써 성적 만족을 얻는 동성 연애자 등과는 엄격히 구분된다.

별과 심리적인 성별 사이에서 대립과 갈등을 겪는다. 즉 성전환증이 있는 사람은 유전자적인 성별에 따른 자신의 해부학적 구조에도 불구하고 반대의 성에 속해 있다는 느낌을 갖는다. 그는 자신이 조물주의 실수로 인한 피해자라고 느끼고 육체적으로나 법률적으로 자신의 상태를 바로잡기를 바란다. 그래서 반대의 성으로 바꾸어 자신의 정신과 육체를 일치시켜 새롭게 사회에 복귀하고 싶어 한다.

그런데 성 정체성만이 아니라, 남자 또는 여자 중 특정한 성에 끌리는 성 지향성 역시 해부학적인 성에 의해 선천적으로 타고나는 것이 아닌 까닭에 상황은 더욱 복잡해진다. 생리학적으로는 남자지만 여성의 정체성을 갖는 사람이 오로지 여자에게만 끌리는 성 지향성을 가질 수도 있기 때문이다.

성 정체성과 성 지향성이 어떻게 결정되는지는 본능과 본성에 관한 어떠한 지식으로도 정확히 알 길이 없다. 이런 면에서 이성애가 어쩌면 종족 보존이라는 점에서 더 '유용'할지는 몰라도 동성애보다 특별히 더 자연스러운 이유는 찾기 어렵다. 프로이트˚는 『성욕에 관한 세 편의 에세이』에서 이 점에 관해 다음과 같이 말하고 있다.

"성적 일탈은 성 본능이나 리비도˚의 영향으로 충분히 일어날 수 있는 것이다. 이성애와 마찬가지로 동성애도 정상적이고 정신적인 삶의 일부로 인간 관계와 애정에 기초한다. 모든 개인은 동성을 성적 대상으로 선택할 수 있다. 이것은 그들의 무의식 속에서 이뤄지는 선택이다."

성은 남자와 여자라는 **육체적인 성별**(sex)로 구별할 수도 있지만, 이와는 별개로 남성적이거나 여성적인 **사회·문화적 행동 양식에 따른 성**(gender)으로 구별할 수도 있다. 이러한 행동 양식은 심리학적으로, 환상적인 요소 못지않게 동물 행동학적이고 사회학적인 요소가 복합적으로 어우러져 결정된다. 또한 성별과 행동 양식이 반드시 일치하지는 않는데, 이는 심리학적인 영향력이 여전히 생물학적인 영향력을 압도한다는 뜻과 같다.

● ● ● ●

지그문트 프로이트(1856~1939) 20세기의 사상가이자 정신과 의사로서 정신 의학, 사회 심리학, 문화 인류학, 교육학, 범죄학, 문예 비평 등에 지대한 영향을 끼친 정신 분석학의 창시자이다. 베일에 싸여 있던 인간의 정신을 분석하고 그 작용을 밝혀내 인류에게 '무의식'이라는 미지의 영역으로 들어가는 문을 열어 보였던 것이 가장 큰 업적이다. 처음에는 신경증 질환 환자 치료를 위한 정신 분석에 집중했지만, 1900년 이후에는 꿈, 착각, 해학과 같은 정상 심리까지 그 연구 영역을 확대하였다. 대표적인 저서로는 『꿈의 해석』, 『정신 분석 강의』, 『히스테리 연구』, 『성욕에 관한 세 편의 에세이』, 『농담과 무의식의 관계』 등이 있다.
리비도 프로이트의 정신 분석학에서 핵심 개념으로, 성 충동을 일으키는 에너지를 말한다. 리비도는 사춘기에 갑자기 나타나는 것이 아니라 태어나면서 서서히 발달하는 것이다. 리비도가 승화되어 정신 활동의 에너지가 되기도 하지만, 반대로 리비도가 억압되면 히스테리 같은 각종 신경증이 생기게 된다.

인류사를 살펴보면 육체가 성을 구속하는 결정적인 단서는 아니다. 아프리카의 누에르 족은 오직 출산이 가능한 여자만을 여자로 여긴다. 다시 말해 아이를 낳지 못하는 여자는 아예 남자로 받아들인다. 이런 여자는 다른 여자와 결혼할 수도 있고, 방법만 있다면 한 명 혹은 그 이상의 배우자를 가질 수도 있다. 그리고 그 배우자들은 다른 남자들에 의해 임신할 수도 있다. 그러나 이러한 경우, 씨를 제공했다고 해서 이 남자들이 아이의 아버지가 될 수 있는 것은 아니다. 아버지로서 역할과 특권은 다시 원래 배우자인 여자에게로 돌아간다.

요컨대, 성 정체성은 유전자, 생식선, 외부 생식기에 따른 성별에 의해서만 결정된다고 볼 수는 없다. 한편으론 아이를 낳고 키울 수 있는 부모로서 지정된 성별, 또 한편으론 인생의 결정적인 순간에 선택된 성별일 수도 있다.

여기서 또 하나의 사례를 생각해 볼 수 있다. 남녀 양성의 특질을 모두 갖고 태어난 아이는 사춘기가 시작되는 시점에 남성이 될 것인지 여성이 될 것인지를 결정하면서 본래 타고난 양성의 성향을 포기해야만 할 것이다.

어린아이들은 어떻게 성 정체성을 갖게 되는가?

성적인 기능은 결국 종족 번식이라는 역할을 수행하게 되지만 인생에서 서로 겹쳐지기도 하는 여러 발달 과정을 거치면서 조금씩 구성되어 간다. 단순하게 생식적인 차원으로 환원할 수 없는 성 본능은 아주 어릴 때부터 형성되기 시작한다.

젖먹이와 어린아이는 자신의 생식 기관을 손으로 만지거나 엄마가 보듬어 줄 때 쾌감을 느낀다. 아이는 성기를 만지면 애무를 받고 키스를 받을 때와는 다른 느낌이 든다는 사실을 깨닫게 된다. 남자 아이는 여자 아이와 달리 생식 기관이 밖으로 나와 있어 좀 더 쉽게 만질 수 있다. 게다가 자신의 성기를 손으로 직접 잡을 수도 있다.

이런 생물학적 성별에 따른 차이는 어린아이일 때부터 시작된다. 심지어는 태어나기 전부터 부모들이 미리 성별에 맞춰 이름을 지어 놓기도 한다. 어떤 부모들에게는 태어났으면 하고 기대하는 성별이 정해져 있기도 하다. 의사들이 초음파 검사를 통해 뱃속에 있는 아이의 성별을 암암리에 확인해 주는 일도 있기 때문에 부모들은 아이가 태어나기도 전에 남자 아이인지 여자 아이인지 알 수 있다.

아이가 태어나면 남자 아이냐 여자 아이냐에 따라 부모들의

아이들은 남자 아이나 여자 아이냐에 따라 다르게 대하는 부모의 태도와
여러 가지 보고 듣는 것들을 통해 자신의 성 정체성을 배워 간다.

말투와 태도가 달라진다. 일상생활에서 아이들을 사랑하고 보살피며 교육시키는 방식도 다르다. 뿐만 아니라 아이들의 똑같은 행동과 태도도 성별에 따라 다르게 해석하며, 아이들이 가지고 놀 장난감도 성별에 따라 달리 선택한다. 텔레비전과 같은 매체의 영향도 무시할 수 없다.

아이들은 이와 같은 일방적인 성별에 대한 차이를 보통 3세에서 5세까지 경험한다.

그 후에는 어떻게 아빠와 엄마의 욕망의 대상이 되어 갈 수 있는지에 대해 스스로 생각한다. 그리고 사춘기가 될 때까지는 이러한 욕구가 있다고 해서 걱정할 필요는 없다. "우리 엄마와 결혼할 거야."라거나 "아빠와 결혼하고 싶어."라는 아이들의 말이 미소 짓게 하는 것처럼 말이다.

사춘기에 이르러서도 간혹 엄마와 아빠에게 어린애처럼 행동하기도 한다. 그러나 이것은 일종의 연기일 확률이 높다. 이미 생식이 가능해진 몸은 위험한 근친상간의 욕구에 대해 극도의 불안감을 야기하기 때문이다.

사춘기 아이들에게 성기는 자신이 갖고 있지 않거나 없는 것에 대한 욕망이 발현될 수 있는 쾌락의 장소를 상징한다. 그들에게 성에 관한 탐색은 성적 차이나 심리적인 결핍감을 탐색하는 것보다 우선한다.

청소년기에 성적 욕구는 어떻게 나타나는가?

성욕은 육체적으로 성숙하는 사춘기에 생기기 시작한다. 이러한 성욕에 앞서 청소년들에게 먼저 생기는 감정은 애정이다. 곧 첫 이성 관계를 갖기 전에 애정이 싹트게 되고 그것이 점차적으로 발전해 가는 것이다. 청소년들에게는 양성애 기질이 유독 강하게 나타나는데, 특히 남자 아이들보다는 여자 아이들 사이에서 더 많이 나타나고 있다.

사춘기에 여자 아이들은 무엇보다 가슴이 발달한다. 이는 월경 시작보다 2년 정도 일찍 시작된다. 월경이 시작되어 배란 주기가 규칙적으로 성립되는 데는 최소한 1년이 걸린다. 이때 생식에 대한 욕구가 극에 달하게 된다. 여자 아이들은 서서히 생식의 필요와 성적인 욕구를 느끼는 '사냥꾼'의 성향을 띤다. 게다가 사춘기의 여자 아이들은 자기 아빠와 비슷한 점이 많은 사람에게 애정을 느끼는 엘렉트라 콤플렉스[*]를 갖게 된다.

● ● ● ●

엘렉트라 콤플렉스 정신 분석학 용어로, 딸이 아버지에게 애정을 느끼고 동성인 어머니에게 반감을 가지는 심리적인 경향. 아들이 어머니에게 애정을 느끼고 아버지에게 반감을 가지는 심리적인 경향은 오이디푸스 콤플렉스라고 한다.

사춘기 여자 아이가 월경을 시작하는 것처럼 사춘기 남자 아이의 완성을 상징적으로 나타내는 것이 바로 최초의 사정이다. 보통 '몽정'이라고 부르는 이런 돌발 상황은 15세 전후에 시작되며 이에 대해 알고 있는 남자 아이들은 그렇게 많지 않다.

또한 사춘기 남자 아이들을 불안하게 만드는 것은 가슴이 약간 부풀어 오르면서 수반되는 미세한 통증이다. 그들은 자신의 몸에 이상이 생긴 것은 아닐까 하고 심각하게 고민을 하기도 한다. 그러나 이것은 남성 호르몬이 급상승하면서 그 분해 산물인 여성 호르몬까지 일시적으로 증가하면서 생기는 자연스러운 현상이다.

남자와 여자가 성적으로 첫 관계를 맺게 되는 양상을 살펴보면, 60년대 이후 세대가 그 이전 세대에 비해 뚜렷한 두 가지 특징을 보여 준다.

하나는 전 세계적으로 첫 관계를 맺는 시기가 빨라지는 것이고, 다른 하나는 일시적이고 덧없는 연애 과정에서 이루어진다는 것이다. 첫 키스에서 첫 관계에 이르기까지 걸리는 시간이 갈수록 짧아지고 있는 것이다. 한 조사에 따르면 남자들이 여자들에 비해 조금 더 빨리 첫 경험을 하고 있는데, 이 격차도 점차 줄어들고 있다.

그런데 이처럼 청소년기의 남자들과 여자들이 첫 경험을 하는 나이의 격차가 점점 줄어듦에 따라 남자들에게 점차 문제가 되고 있다. 같은 나이의 잠재적인 파트너가 점점 적어져서 '공급'은 줄고 '수요'만이 계속 늘어나기 때문이다.

그런데도 청소년기 여자들의 첫 파트너는 여전히 평균 세 살 정도가 많은 남자인 경우가 보통이다. 나이가 더 많은 사람과 관계를 갖는다는 것은 실제 행위로 넘어가는 데 더 많은 기회를 제공하기 때문이다. 첫 관계를 맺기 위해서 반드시 성적 욕구가 필요한 것은 아니다. 그러나 보통의 경우처럼 성적 욕구를 느끼는 단계를 거치는 것이 좋다.

지금은 성적 욕구 없이 관계를 갖는 것이 더 이상 어렵지 않게 되었다. 성행위가 금기이고 위반이라는 생각이 사라져 가고 있기 때문이다. 오히려 경험이 없다는 것이 정상에서 벗어난 경우로 여겨지기도 한다.

청소년기에 성 관계를 하게 되는 경우를 살펴보면, 제안은 주로 남자가 하고 여자는 유혹의 역할을 담당한다. 하지만 설혹 여자가 남자처럼 먼저 관계를 갖자고 제안한다고 해도, 남자는 단순히 성적 쾌락만을 찾는 것이 아니라 그녀로 인한 사랑과 로맨스를 충분히 느끼도록 해야 한다.

청소년기의 여자들은 성에 관한 한 마법과 같은 신비스러움과 환상을 갖는다. 청소년기의 여자들에게 성 관계를 맺는다는 것은 사랑에 빠진 관계를 인정하는 것과 같다. 사려 깊은 여자들은 이 사람이 정말로 내가 사랑하는 남자 친구라는 명확한 확신이 있어야만 성행위에 몰입한다.

청소년기의 남자들이 성 관계를 시작한다는 것은 정상적이고 자연스러운 발달 단계로, 반드시 여자들처럼 감성에 의한 끌림이 있어야만 하는 것은 아니다.(그렇다고 해서 남성으로서 성생활의 시작이 매춘에 의해 이뤄진다는 것은 아니다.) 청소년기에 첫 관계를 맺었던 사람을 정말로 사랑했었다고 말하는 사람이 적은 걸 보면 그 사실을 알 수 있다. 프랑스 인들을 상대로 한 설문 조사에 따르면, 남자의 경우 38퍼센트, 여자의 경우 61퍼센트가 첫 파트너에게 사랑과 애정을 느꼈다고 말했다. 또한 청소년기에 처음으로 갑작스럽게 생긴 성적인 욕구는 자위만으로도 만족스러울 수 있다. 성 관계는 정복을 상징한다. 정복에 도전하고 이에 응하는 것은 인간의 자연스러운 본성일지도 모른다.

왜 자위를 하는가?

자위는 오랫동안 금기시되어 온 성적 습관 중 하나이다. 오늘날은 이전보다는 이런 금기가 상대적으로 약해졌지만 말이다. 그런데 남자와 여자는 여기서 각각 다른 특징을 보인다.

프랑스 인을 상대로 실시한 조사에 따르면, 남자의 경우 85퍼센트, 여자의 경우 50퍼센트가 자위를 할 정도로 그 수적인 면에서 차이가 많이 났다. 또 자위는 남녀 모두에게 불안한 심리 현상과 관계되어 있는데, 특히 남자들은 긴장을 줄이기 위해 자위를 할 때도 많다.

청소년들은 자위에 쉽게 빠져든다. 청소년기는 어른들과 마찬가지로 스스로 자제하려고 노력하지만 매일 혹은 매주 왕성하게 이는 성욕을 해소하기 위한 방책으로 자위를 선택하며, 이는 매우 손쉬운 방법이기도 하다.

자위를 통해 오르가슴에 이르는 비율은 16세 정도의 남자에게선 평균 주 3~4회 정도로 볼 수 있다. 청소년기의 남자들은 자위를 통해 자신의 성기를 다루는 데에 익숙해지면서 스스로를 만족시키는 속도도 점점 빨라진다. 그러면서 점차 여체 바깥에서도 즐길 줄 알게 된다. 하지만 정신적 불안 상태와 사회 문화적 억압 상태 때문에 때론 애써 자제하기도 하고 때론 자위에서 실패를 맛보기도 한다.

남자들의 맨 처음 성 경험은 보통 자위이며 사정에 이르기 위해서 여자 사진의 도움을 받기도 한다. 청소년기의 남자들은 잡지책과 같은 것을 통해 여자들에 대한 환상을 키워 간다. 이러한 색욕은 이성애에 이르기 위한 자연스러운 단계이다. 그러나 보통은 자위를 하면서 외로움을 느끼는데, 이 금지된 행위를 지속적으로 즐기면 즐길수록 죄의식을 갖게 된다.

여자들의 의식적인 자위는 사춘기 때 시작되어 보통 30대에 절정에 다다른다. 그러나 여자들의 자위는 반드시 오르가슴을 동반하는 것은 아니다. 청소년기 여자들의 자위는 보편적인 것도, 필수적인 것도 아니다. 이것은 미래에 있을 법한 성생활의 한 부분에 대한 느낌을 미리 느껴 보는 것에 지나지 않을 때도 있다.

여자들은 다른 신체 부위를 통해 에로틱한 만족을 조절하기도 하고 삽입을 원하기도 하지만 그런 욕구는 쉽게 겉으로 드러나지는 않는다. 그래서 여자들에게 첫 성 관계는 남자와 실제 관계를 할 때의 느낌과 자위하면서 가진 느낌이 별반 다르지 않는데도 그동안 꿈꿔 왔던 성적 쾌락을 단순히 확인하는 것 이상의 의미를 지닌다.

자위는 남녀가 함께 할 수도 있지만, 무엇보다도 자기 안에서 일어나는 동성애의 경향으로 볼 수도 있다. 쾌락이 커지는 순간 같은 성인 자신에게 스스로를 소유하도록 허락하는 것이 바로 자위이다. 자위는 미숙하고 불완전한 관계가 아니라 또

하나의 완벽한 관계인 것이다. 자위는 쾌락의 대용품이 아니라 그 자체로서 또 하나의 기쁨이라 할 수 있다.

남자와 여자의 성적 욕구는 어떻게 차이가 날까?

일생 동안 남자와 여자가 갖는 평균 섹스 파트너의 수는 크게 차이가 난다. 프랑스 인을 상대로 실시한 조사에 따르면 남자는 평생 동안 평균 12명의 여자와 성 관계를 하고, 여자는 평균 4명의 남자와 관계를 한다. 그런데 남자는 파트너 수를 부풀려 말하고, 여자는 파트너 수를 그에 못지않게 줄여서 답했을 확률이 높다. '섹스 파트너'라는 의미를 남자와 여자가 무척 다르게 받아들이기 때문이다.

여자는 늘 섹스 파트너를 사랑, 커플, 성과 관련된 '깊은 관계'에 의해 맺어진 사람으로 받아들인다. 즉 여자는 사랑을 주고받는 심리적 결합을 중요하게 생각하는 것이다. 또한 여자는 남자보다 실제 성 관계의 전이나 후에 일어나는 일에 훨씬 관심이 많다. 육체적 쾌락만이 전부는 아니라는 것이다. 그래서 남자가 관계 후에 곧바로 잠들어 버리면 마치 그의 욕구만 채워 주고 버림받았다는 느낌을 받게 된다.

그러나 남자는 성행위 그 자체를 중요하게 생각한다. 꼭 필요한 정도의 성생활은 남자들의 건강한 삶을 보장해 준다. 또 남자들은 이를 통해 여자들뿐 아니라 남자들 사이에서도 인정을 받는다고 느낀다. 그런데 이 꼭 필요한 정도가 여자보다는 남자가 더 높다. 남자에게 성 관계를 하는 순간은 관계 전에 있었던 일과 관계 후에 일어날 일과는 별개의 것이며, 인간 관계나 감정적인 것으로부터도 독립되어 있다. 성적 자극은 시각과 후각에 의존할 뿐 사랑의 감정은 거의 작용하지 않는다. 물론 남자도 사랑을 위해 성 관계를 갖지만 성적 흥분을 가라앉히기 위해서도 성 관계를 가질 수 있다는 뜻이다.

오늘날의 남녀 관계를 제대로 다루기 위해서는 그들을 이 세상에 있게 한 이러한 사랑뿐만 아니라 남녀의 기본적인 역할에 대해서도 이야기해야 한다.

그런데 앞에서 말한 것처럼 오늘날 남녀의 역할은 예전에 비하면 결혼과 같은 사회 관습의 영향을 상대적으로 덜 받으며, 오히려 성생활을 통해 남녀 사이를 지속시키려고 하는 측면이 더 부각되고 있다. 성적 만족이 거의 의무시된 이 시대에 이미 여러 우여곡절을 거치면서 남녀 간의 역할에 대한 합의를 이루려고 애써 왔지만, 여전히 성적 균형을 찾지 못한 상태로 예상치 못한 문제들이 끊임없이 발생하고 있다.

일반적으로 남녀 관계에서 남자들이 더 많은 성 관계를 요구한다. 그래서 남자가 욕구 불만을 느끼는 커플보다는 여자가 욕구 불만을 느끼는 커플이 더 많다.

불만을 느끼는 남자들의 경우, 대개 여자가 성 관계에서 거의 주도한 적이 없으며, 심지어 자신이 접근하는 것을 거절한다고 토로한다. 이러한 욕구의 차이는 좌절과 긴장을 가져올 가능성이 있다. 매번 거절을 당하는 사람은 자신을 과소평가하게 되고 버림받았다고 느끼게 되며, 여자는 본인의 거절을 정당화할 만한 핑계를 찾느라 애써야 하기 때문이다.

성적인 욕구는 남녀가 동시에 느낄 수 있는 것이 아닌 까닭에 엄밀하게 말해 조화나 상호 보완성이 없다. 그래서 상대의 욕구를 받아들일 수는 있지만 꼭 어떻게 해야 한다는 의무는 없다. 따라서 만족스럽지 못한 상태도 생길 수 있다는 사실을 인정해야만 한다. 하지만 더욱 중요한 것은 욕구를 수동적으로 받아들이는 데 머물지 말고 스스로 관심을 가지고 자신의 쾌락을 찾기 위해 적극적으로 노력하는 자세이다.

욕구와 쾌락이 커플을 만들어 낸다. 어떤 때는 상대편을 이끌고, 어떤 때는 상대편에게 전적으로 자신을 내맡긴다. 욕구라는 것이 정말로 어떻게 생겨나고 어떻게 진정되는지를 설명하기란 쉽지 않다. 전혀 그럴 것 같지 않은 상황에서 갑작스럽게 생기는 욕구를 어떻게 이해해야 할까? 여자의 경우 오르가슴을 느낄 능력이 있고 그녀를 즐겁게 해 줄 모든 준비가 갖춰진 파트너가 있는데도 왜 성적인 욕구가 생기지 않을까?

역사적으로 볼 때 남자가 항상 욕구를 독점해 왔으며 지금도 여전히 성 관계를 이끄는 주체자로 인식되고 있기 때문이다. 남자는 마치 숲 속의 잠든 공주를 깨우는 왕자와 같은 존재인 것이다. 매혹하는 역할이 주어진 여자는 일단 남자의 욕구를 불러일으킨 다음에는 전적으로 남자에게 의존적인 존재가 된다. 남자는 욕구의 주체자이고 여자는 남자의 욕구 대상, 즉 소유하고 싶은 대상이 된다.

여자들과 이야기를 나누다 보면 아무리 수다스러운 여자라도 자신의 욕구를 표현하는 것을 꺼려함을 알 수 있다. 설혹 여자들이 자신의 욕구를 말한다고 하더라도 쉽게 이해하기 어려운 경우가 많다. 여자들은 자신에게 성적 욕구가 있음을 인정하고 표현하는 법을 배우지 못했기 때문이다. 여자들은 청소년기부터 자기들이 남자들의 욕구의 대상이라는 것을 깨닫긴 하지만 이런 욕구를 경계하고 조절할 수 있어야 한다고 배운다.

한편 욕구의 대상이 된다는 것은 간접적인 욕구의 발로가 될 수도 있다. 타인의 욕구를 채워주는 것이 사람의 2차 욕구이기 때문이다. 어려서부터 남자들은 쟁취하고 소유하는 법을 배우는 반면, 여자들은 자신을 버리고 희생하는 법을 배운다.

그래서 여자들의 욕구는 지속적으로 무시되어 왔다. 오늘날도 마찬가지로 여자들이 사랑을 표현할 수는 있어도 욕구를 표현하지 않는 것을 미덕으로 여긴다. 감정을 드러내지 않은 채, 남자들의 성적 긴장을 해결하고 그 욕구를 안정시켜 주는 일은 언제나 여자들의 몫이 되고 있다.

따라서 여자들은 욕망과 쾌락을 위해서 사랑을 나누기도 하지만 가정의 평화와 질서를 위해서 사랑을 나누기도 한다. 그러나 표현되지 않는 욕구는 존재할 수 없다. 여자들도 자신들의 욕구를 표현해야 한다. 지금부터 그녀 자신의 이름으로 욕구를 찾아야 할 것이다.

3

남자와 여자의
사회적 지위는
어떻게 변해 왔는가?

남성성은 여성성을 어떻게 짓눌러 왔는가?

여성성과 남성성의 공통점과 차이점을 말할 때 여성에게 가해진 지배와 폭력의 역사를 빼놓을 수가 없다. 남성과 여성이라는 두 가지 성이 존재한다는 생각이 일반화된 것도 그리 오래된 일은 아니다.

성은 오랫동안 남자들의 전유물이었다. 인류학자 레비스트로스*에 의해 이미 알려진 것처럼 원시 시대에 여자들은 남자

• • • •

클로드 레비스트로스(1908~1991) 벨기에 태생의 프랑스 인류학자. 남아메리카 현지 조사를 마친 후, 친족 이론·사고 체계·신화 분석에 있어서 구조주의를 제창하여 인류학·문학·사상 분야에 큰 영향을 주었다. 대표적인 저서로는 『친족의 기본 구조』, 『슬픈 열대』 등이 있다.

들에 의해 마치 귀중품과 같이 유통되고 교환되는 존재였다. 여성성은 인정받지 못한 채 무시당하고 억압받으며 심지어 악마로 여겨지기까지 했다.

20세기 중반 마스터즈와 존슨˙의 연구에 의해 남성의 오르가슴과 똑같은 여성의 오르가슴에 대한 생리학적 발견이 있기까지 사람들은 여자들이 쾌락을 가지거나 성적인 욕구를 느낄 수 있으리라고는 생각지도 못했다. 성적 쾌락은 창녀나 마녀 또는 '히스테리˙ 환자'에게나 있는 것이었다. 여자들의 성과 욕망에 관심을 갖게 된 것도 남녀 평등에 대한 의식이 싹트고 나서였다. 물론 여성성은 지금도 절제가 강요되고 침해당하거나 공격당하고 있다. 여자들을 향한 폭력이 여전히 지속되고 있는 것이다.

●●●

마스터즈와 존슨 산부인과 의사인 윌리엄 마스터즈와 심리학자인 버지니아 존슨은 성에 관련된 연구 분야를 개척해 주목을 받았다. 1966년 마스터즈와 존슨의 『인간의 성적 반응』이란 책이 나오기 전까지 성행위를 할 때 우리 몸에서 어떤 일이 벌어지는지에 대해 거의 알려진 바가 없었다. 그들은 남자와 여자가 성적으로 접촉할 때 흥분기, 상승기, 절정기, 융해기라는 네 가지 단계의 성적 반응이 일어난다는 사실을 처음으로 밝혔다.

히스테리 정신 신경증의 한 유형. 정신적 원인으로 운동 마비, 실성, 경련 등의 신체 증상이나 건망 따위의 정신 증상이 나타난다.

프로이트가 말한 것처럼 여성은 진정 '암흑의 대륙'이었다. 광고, 영화, 포르노그래피 등에서는 여자들이 성생활에 대해 불만을 말해도 남성적 환상에 응답하는 방식으로 보여 주는 것이 고작일 정도로 폭력적인 남성의 언어로 성을 묘사했다. 그런 까닭에 남자들이 여자를 성적 대상으로 보는 시각이 더욱 견고해질 수밖에 없었다.

여자들이 한편으로 고등 교육을 받고 전문적인 영역을 만들어 감으로써 사회적인 지위가 높아지고, 다른 한편으로 효과적인 피임법이 개발되었어도 남녀의 역할은 근본적으로 변화한 것이 없다. 단지 그 경계가 조금 이동했을 뿐이다. 의식이 깨어 있는 소수의 사람들에게만 여자들에 대한 불평등과 차별이 사라졌다. 여성으로서, 남성으로서 주어진 사회적 역할은 변한 것이 없다. 더욱이 남자와 여자의 사회적 역할에서 평등은 금방 해결될 수 있을 것 같지도 않다.

아직까지 양육과 집안일은 거의 여자의 몫이고, 이혼 후에 아이들을 키우는 것도 여자들이 떠맡는 경우가 다반사다. 요즘은 다양한 사회적인 영향으로 남녀의 특성이 많이 바뀌어 가는 것처럼 보이고, 누구나 어느 정도는 여성스럽고 어느 정도는 남성스러운 것처럼 보인다. 그러나 이것 역시 남녀 관계의 불균형을 해결하기보다는 이러한 문제를 숨기는 것에 지나지 않는다.

오늘날 사회 심리학에서 자주 거론되는 남녀의 역할은 시대의 흐름에 따라 발전되었다기보다는 정체에 가까울 만큼 거의 변화가 없다는 게 정확한 지적이다. 게다가 여전히 사회적으로 지배적인 위치에 서 있는 남자가 성 관계에서 더 '능력'을 발휘할 수 있다고 생각한다.

예를 들어 한 남자가 회사 내에서 여자와 사랑을 나눈다고 할 때 그 여자의 직급이 상사이거나 동등할 때보다 아래일 때 더욱 이상적이라는 것이다. 거꾸로, 여자가 밖에 나가 일을 하고 그 남편이 실업자로 집안에서 아이들과 가사를 돌보는 경우, 이 커플은 침대에서 실패할 확률이 커진다는 것이다. 요컨대 남자가 지배적인 위치를 지켜야만 한다는 얘기이다.

성 혁명으로 여성성이 정말 회복되었는가?

독일의 성 연구가 히르시펠트*는 성과학 연구소를 세워 1930년대에 최초로 국제 성과학 회의를 주도하는 등 성과학의 맹아를 싹틔웠지만, 1933년 5월 나치는 성과학 연구를 금지시키고 그 서고를 불태웠다. 그래서 **성 혁명**은 실질적으로는

피임과 낙태가 자유로워진 것은 성 혁명의 큰 계기가 되었다.

1960년대부터 시작됐다고 보는 것이 일반적이다. 임신에 대한 강박관념으로부터 여자들이 해방될 수 있도록 피임이 자유로 워지고 보편화되고, 그간 범죄로 인식되던 낙태에 대한 형벌이 약해진 것 등이 성 혁명의 큰 계기로 작용했다. 1976년에는 앞에서 말한 마스터즈와 존슨이 인간의 성적 반응에 대해 연구한 것에 이어 10년 만에 페미니스트 운동가 셰어 하이트*에 의해 여성의 성에 관한 보고서가 나왔다. 이처럼 성 혁명은 페미니즘*과 더불어 여성의 권리를 힘겹게 신장함으로써 확산되어 나갔다.

● ● ●

마그누스 히르시펠트(1868~1935) 성과학 연구를 주도했던 인물로 1919년 최초의 성과학 연구소를 설립했다. 다양한 질문으로 짜인 설문지를 만들어 성 행동에 관한 사례를 수집했는데, 이는 성 문제 연구에 새로운 지평을 연 것으로 평가된다. 또 동성애를 범죄로 규정한 형법의 항목을 폐지시키기 위해 다각적으로 노력을 해서 인권 운동가로도 알려졌다. 그러나 유대인이자 게이였던 그는 나치 정권이 들어서면서 공격 대상이 되었고 결국 성과학 연구소는 폐쇄되고 말았다.

셰어 하이트(1942~) 성 교육자이자 페미니스트로 주로 여성의 성에 관해 연구했다. 마스터즈와 존슨이나 킨제이에 의해 이뤄진 성에 관한 생물학적 연구를 토대로, 1970년대 페미니스트 운동과 연관하여 이론적 · 정치적 · 심리학적인 연구를 했다. 특히 여성 대부분이 삽입으로가 아니라 음핵의 자극으로 오르가슴에 도달한다는 사실을 밝힌 것으로 주목받고 있다. 대표적인 저서로 『하이트 보고서 : 여자의 성에 관한 연구』, 『섹스와 비즈니스』 등이 있다.

그러나 이런 성 혁명에 대한 평가는 다분히 긍정적으로만 보기 어려운 면이 있다. 성 혁명으로 여자들이 서서히 여성으로서의 욕망을 표출하기 시작했지만 이는 오래 가지 못했다. 기존의 분열적인 성 관념이 사라지기는커녕 오히려 해방이라는 명목 아래 새로운 형태로 되살아났기 때문이다. 대표적인 예로 생식과 성적 본능의 분리를 들 수 있다.

전통 사회에서 생식은 성욕을 희생함으로써 그 가치를 인정받았다. 어른이 된다는 것은 부모가 되는 것으로 그들의 생식력을 후손에게 전해 주는 것을 의미했다. 따라서 후손을 출산하는 것은 개인적인 동기에 의한 행위라기보다는 사회를 살아가는 데 의무적으로 해야만 하는 사회 참여의 한 방법이었다.

● ● ●

페미니즘 여성 억압의 원인을 분석하고 사회·정치·법률 면에서 여성에 대한 권리의 확장을 주장하는 운동이나 이론이다. 라틴어로 여성을 뜻하는 '페미나(femina)'에서 파생된 말로, 여권주의, 여성 존중주의를 뜻한다. 18세기 영국의 M. 울스턴크래프트가 쓴 『여성 권리의 옹호』는 페미니즘을 주장한 최초의 저작물로서 중산 계급 여성의 정신적·경제적 자립을 주장한다. 그러나 페미니즘에는 명확한 이론 체계가 있는 것이 아니라 시대와 나라에 따라 여러 가지 형태로 나타난다. 1960년대 이후 페미니즘은 미국을 중심으로 확산되어 나갔으며, 마르크스주의 및 기호학과 접촉하면서 이론상으로 발전했다. 이러한 발전에는 사회를 구성하는 것은 남성도 여성도 아닌 다만 인간이라는 의식 전환이 내재되어 있다.

오늘날 서구 사회에서 성은 무엇보다 관능적인 행위를 가리킨다. 말하자면 성 본능은 생식과 별개의 것으로 받아들인다. 사랑을 나누는 행위는 지극히 사적인 영역에 속하며, 최소한의 사회적인 제약만이 따를 뿐이다. 호텔 방에 있는 남녀가 무엇을 하든 어느 누구도 건드릴 수가 없다. 단지 임신과 모성애는 이런 성행위 뒤에 오는 것으로서 의학적인 관리가 필요한 것일 뿐이다. 그리고 여자에게든 남자에게든 이전 세대의 부모와 같이 아이를 낳고 키우는 것보다 사회적으로 성공하는 것이 더욱 중요해졌다.

문명화로 치달으면서 나타난 이러한 분리 현상은 한편으로 인간 의식의 부조리함을 적나라하게 드러내고 있다. 임신을 억제하는 다양한 피임법이 보편화되었는데도 뜻밖에도 피임을 중단하려는 여자들이 늘어나고 있는 것이다. 임신을 하고 싶은 욕망은 이론으로 설명할 수 없는 비이성적인 것으로 아주 강렬하기 때문이다.

이와 같이 피임을 피하려는 현상이 청소년들 사이에도 아주 빈번하게 나타나 청소년들이 임신하는 경우가 증가하고 있다. 요즘처럼 때 이른 성 관계 자체보다는 때 이른 출산을 꺼려하는 세상에서 오히려 역현상이 일어나고 있는 것이다. 피임이 필수적인 것으로 여겨지고, 첫아이를 낳는 나이가 점차 높아지고 있는 이 시대에, 청소년이 임신한다거나 심지어 아이를 갖고 싶다는 욕구를 표현하는 것은 사회 규범을 받아들이지 못하는 현상이라 할 수 있다. 즉 그들에게 피임약이란 부모나 의사, 어른들만의 도구일 뿐이다. 그들은 피임을 거부함으로써 어른들의 세상에 저항하고, 또 보란 듯이 임신함으로써 자신들의 성생활을 있는 그대로 보여 주기를 바란다.

피임은 일시적으로 여자들의 임신을 막아 주지만 때때로 성욕 자체를 차단하기도 한다. 실제로 피임약을 사용한 여자들에게서 성욕이 줄어들거나 아예 사라지는 경우를 어렵지 않게 볼수 있다. 피임약을 사용하면서 나누는 사랑의 행위는 임신이라는 가능성이 완전히 배제되므로 성행위 자체를 평가 절하해 받아들이는 것이다.

그런데 이것은 단순히 여자들만이 갖는 느낌은 아니다. 피임약을 쓰면 여자들이 성 관계를 애써 거절할 이유가 없기 때문에 여자가 짐짓 거부하기를 바라는 남자들의 독특한 욕구는 차단될 수도 있다. 콘돔도 마찬가지다. 대부분의 남자들은 여자들처럼 콘돔이 성적 쾌락을 방해한다고 느끼며, 어떤 남자들은 콘돔을 사용하면 성적 욕구가 아예 사라져 버리기도 한다.

이제 '피임 혁명'은 아이를 낳지 않겠다고 선언했던 시대의 정신적 · 사회적 혼란기를 거쳐 역설적으로 남자와 여자 모두에게 아이를 낳는 것이 당연한 것으로 생각하도록 만들었다.

그런데 역사를 통해 지금까지 애를 갖지 못하는 여자는 매우 불운한 여자라는 생각이 이어져 내려오고 있는 반면, 남자의 불임에 대해서는 역사적으로나 문화적으로 거의 언급된 바가 없다. 남자가 불임이 될 수 있다는 것 자체를 믿지 않아 이에 대한 연구가 늦춰진 것이다.

불임인 남자는 생식 능력이 생기는 나이가 되어서야 비로소 자신의 불운에 상처를 입는다. 하지만 불임인 여자는 남편으로 하여금 정력을 발휘하지 못하게 한다고 자책하거나, 욕구의 결실을 맺지 못하는 쓸모없는 존재라고 스스로 여겨 여자로서의 정체성에 큰 타격을 받는다.

그러나 여전히 의학계는 불량 정액, 기능이 떨어지는 정자, 배란 이상 등과 같은 불임의 여러 원인들에 관해 별다른 연구 성과를 내지 못하고 있다.

결국 성 본능과 생식은 서로 분리할 수 없으며 이를 분리하려고 하는 집착은 고통이나 정신 이상을 가져올 뿐이다.(특히 여자의 경우에는 식습관 장애와 같은 정신 질환이 생기기도 한다.)

4

아름다운

성과 사랑을 위하여

오르가슴을 왜 중요하게 여길까?

남자의 성기는 눈에 띄게 밖으로 돌출되어 있다는 외적인 특성과 함께 남자의 정체성을 확립시키는 상징적인 부위라는 내적인 특성을 지니고 있다. 남자의 성기가 지니는 이런 의미는 공공연하게 알려져 있는 사실이다.

남자는 여자와 달리 자신의 생식기에 큰 흥미를 보이는데, 성기의 크기나 방향에 대해 유독 관심이 많다. 남자들의 이러한 관심은 자신의 성기에 대한 애정 때문이다. 여자의 경우 성기에 따로 이름을 갖는 일이 거의 없지만, 남자의 경우 자신의 성기에 친근한 이름을 붙여 마치 제삼자와 이야기하듯 대하는 것은 매우 흔한 일이다.

남자들은 정력을 통해 자기애를 채워 가는데, 이것은 기운

남자는 여자와 달리 자신의 성기에 큰 흥미를 보이며,
자신의 성기에 이름을 붙여 대화를 나누기도 한다.
정력을 통해 자기애를 키워 가는 존재이기 때문이다.

을 솟아나게 하고 활력을 생기게 하는 원천이 된다.

남자는 자신의 성기가 만족스럽지 못할 때 '아무 반응이 없네.' '난 더 이상 남자가 아닌가 봐.' 하며 기운 빠져 한다. 남자는 늘 자신의 성기가 발기되는지를 확인하고 안심하는 존재다. 이런 까닭에 남자들은 성행위를 지속하며, 성적으로 문제가 있을 때는 어찌할 바를 모르고 당황해한다. 그럴 때면 파트너가 아무리 정성스럽게 애무를 해도 성욕이 일지 않는다.

이처럼 독립적으로 그리고 때론 이해할 수 없이 발기했다 작아졌다 하는 변덕스러운 성기에 대한 변함 없는 관심 때문에 남자들은 전적으로 우발적인 감정에 따라 행동하기도 하고, 사랑하는 관계가 아니더라도 성행위를 할 수 있다. 그러나 남자들 자신도 욕망과 발기 사이에서 혼란스러워하기도 한다. 말하자면 욕망이 없이도 발기되기 때문이다.

여자들도 종종 단순한 욕구와 사랑이라는 욕망 사이에서 혼란스러워한다. 하지만 여자들은 남자들이 감정적인 욕망 없이 욕구만 있어도 성행위가 가능하다고 생각한다. 그래서 여자들은 파트너가 발기되지 않으면 자신이 아닌 다른 무엇인가를 원해서라고 여겨 버린다. 그리고 비록 잘못된 추측이라 할지라도 이럴 경우에는 성행위를 요구하지 않는다.

이러한 갈등과 혼란이 점점 쌓임으로써 성행위에서 관계의 횟수나 시간, 그리고 오르가슴 여부와 같은 결과만을 중요하게 여긴다. 남자와 여자 모두가 완벽한 마무리를 뜻하는 오르가슴이 결여된 성 관계는 더 이상 생각하지 않는다.

이런 의미에서 조루는 조롱받아도 마땅한 것이 되었다. 이는 마치 19세기에 혼자 하는 자위가 이기주의적인 성행위로 취부되어 비난받았던 상황과 비슷하다. 오르가슴을 지나치게 중히 여기는 풍조가 왜곡된 결과를 가져온 것이다. 그런데 상대편에게 먼저 오르가슴을 느끼게 해 주고 싶어하는 사람은 그 누구와 성행위를 하든 오르가슴을 느끼지 못하는 경우가 좀처럼 없다는 사실을 기억해 둘 필요가 있다.

성 관계에서 대화는 어떤 역할을 할까?

남녀 사이에서 대화는 무척 중요하다. 대화는 서로 다른 두 사람을 가로막는 침묵의 벽을 깨뜨린다. 이런 대화를 해 보려고 노력하는 것도 나쁘지 않을 것이다.

성 전문가들은 성 관계의 실패가 종종 남녀 간의 대화 부족에서 생길 때가 많다고 지적한다. 대화가 있었다면 성적으로도 서로를 더 잘 알 수 있었을 테니까 말이다. 예를 들어 사람에 따라 성감대는 특정한 곳이거나 아니면 여러 곳에 있을 수 있는데, 이는 남녀 간에 서로 꼭 알아야 하는 사항이기 때문이다.

성 관계에 대하여 서로 자주 이야기하는 것이 좋으며, 특히 성 관계 도중에 이야기를 나누면 더욱 이상적이다.

여자는 평소 꿈꿔 온 성적 환상에 비춰 관계 도중에 느낀 자신의 느낌을 이야기해 주면 좋다. 남자는 관계에서 열정을 보여 줘야 하고 특히 관계 후 잠에 빠져들지 않도록 애써야 한다. 상대편에 대한 불만을 마음속에 꾹꾹 담아 두지만 말고 차라리 서로 솔직하게 이야기함으로써 서로의 마음을 여는 것이 더 낫지 않을까?

성적으로 부담을 느낄 때 어떻게 해야 할까?

'성'의 심리적인 면을 외면하지 말라

성적으로 부담을 느낄 때, 성과 연관된 심리적인 면을 배제하고 오로지 성 자체만을 따로 떼어 다루고자 하는 유혹을 느낀다.

성에 관한 무의식이니 하는 골치 아픈 이야기는 빼고 성적 쾌락 그 자체를 무엇보다 중요한 것으로 여기려고 한다. 성에 대한 정신적인 부담은 거추장스러워서 아예 마음속에서 지워 버리고 싶어 한다. 사랑하는 사람을 만나 서로의 의사를 확인한 뒤 관계를 맺고, 또 관계가 잘되지 않았을 때는 왜 그런지 그 이유에 대해 이런저런 이야기를 번거롭게 나누는 것보다 차라리 비아그라 한 알을 먹는 것이 훨씬 더 효율적이고 경제적으로 보이는 것이다.

그러나 이러한 발기 유발제는 성적 문제를 치료하는 것이 아니라 일시적으로 성적 불능 상태를 해소해 주는 것이기 때문에 자칫 위험한 결과를 가져올 수 있다. 그리고 남녀 모두에게 성적인 증상은 어떤 의미를 지니고 있는데, 약으로 그 의미를 박탈해 버리는 것은 좋지 않다.

물론 여자들에게는 피임약이 월경에 따르는 고통을 없애 주고, 연고가 여드름을 없애 줄 수도 있다. 그렇지만 청소년기 여자들에게 월경의 고통은 그녀의 엄마와 같은 여성으로 꽃피우는 데 꼭 필요한 부분은 아닐까? 청소년들을 더욱 성가시게 하는 여드름도 매력을 줄이는 요소만은 아니지 않을까?

사랑에 성적 욕망을 부여하라

성적 부담을 덜고 싶을 때 느끼는 또 다른 유혹은, 남녀 관계를 '사랑'이라는 이름으로 포장하고 이상화시켜 포르노그래피

와는 아주 다른 것으로 구분하고자 하는 것이다.

포르노그래피는 성적 중독과 현대 문명에서 상징성이 부족함을 보여 주는 증거이기도 하다. 포르노그래피 속의 여자는 정체불명의 가상 인물로 현실과는 거리가 멀다. 여자들도 남자에 대한 포르노그래피적인 환상을 가지고 있는데, 주로 변태 성욕자나 강간자 혹은 약탈자의 이미지를 품기 쉽다.

하지만 사랑이란 것도 포르노그래피적인 부분이 포함되어 있음을 잊지 말아야 한다. 이것은 베일에 싸인 타인의 몸에 대한 신비를 발견하고 알아내고픈 욕구가 사라지지 않는 한 계속될 것이다.

포르노그래피의 유혹은 이미 세상 사람들에게 일반화되어 있다. 실제로 이러한 포르노그래피에서 보는 에로틱한 사랑을 하기 위해서는 자신과 파트너의 관계를 '사랑'이라는 이름으로 포장하고 그 사랑을 유지하는 것이 현명하다.

이처럼 '사랑'에 빠진 사람들은 육체 관계를 통해서 사랑의 힘을 느낀다. 육체 관계는 육체를 통하지 않으면 감춰지고 마는, 말하자면 쾌락과 기쁨과 행복을 느끼게 해 준다. 그것은 가장 고차원적인 심리적 상태를 구체화시켜 '지금 여기'를 현실이 되도록 만든다.

다시 말해, 육체 관계는 마음만으로는 포착하기 어려운 중요한 순간을 깨닫게 해 준다. 그런데 살과 체취를 통한 성적 쾌락은 언제나 육체에 의해, 그것도 이기적인 육체에 의해 수용되는 것이다. 타인에 의한 쾌락을 즐기는 것, 그것은 그 이상의 쾌락이 없음을 확인시킨다. 사랑을 나누기 위해서는 타인을 신성시해서는 안 되고 현실의 성 관계에 충실해야 하며 불가능한 관계를 이상화시키는 것을 중단해야 한다.

'욕구의 공격성'을 인정하라

'욕구의 공격성'을 인정하는 것으로 성적 부담을 덜 수도 있다. 어떤 나라도 시민들을 욕구의 공격성으로부터 보호할 수는 없다. 왜냐하면 욕구의 공격성은 자연스러운 것이기 때문이다. 말하자면 욕구가 있어야 공격적이 되는데, 이는 우리에게 꼭 필요한 것이기도 하다.

욕구와 공격은 마치 사랑과 애태우기만큼 밀접한 관계다. 성적 폭력은 처벌받아야 마땅하지만 욕구의 공격성 자체는 어떤 법에 의해서도 제재받아서는 안 된다.

성적 욕구에는 이처럼 공격적인 면이 있다. 생리학적인 관점에서 볼 때 공격적인 반응(근육의 긴장, 얼굴의 홍조, 동공의 확장 등)만큼 성적 반응과 유사한 것도 없다. 남성 호르몬인 테스토스테론은 경쟁하고 위협하며 지배하고자 하는 공격적인 성향의 호르몬으로 성적 욕구를 이끈다.

동물이 짝짓기하는 것도 좋은 예가 될 수 있다. 동물들은 대부분 공격을 할 때와 짝짓기를 할 때 같은 몸짓을 보인다. 남자들도 이러한 면이 다분하다. 남자들은 자신의 욕구를 표현할 때 심지어 '그녀를 체포할 거야. 아무리 저항을 해도 반드시 그녀를 쓰러뜨리고 말 거야.'와 같은 군대식 용어를 쓰기도 한다.

남녀 관계에서 연애를 하다 보면 어느 순간 자연스럽게 성적인 단계로 넘어가게 된다. 그런데 어떤 남자들은 지나치게 서둘러 그 단계를 구분함으로써 자신의 성욕을 조절하는 데 실패하기도 한다.

그런 남자들은 자칫 여자를 갖는 것은 계략과 속임수에 의해 소유하는 것에 다름 아니라고 생각한다. 이것은 보이지 않게 타인의 성적 흥분을 유도하거나 강하게 만드는 것을 차단한다. 타인을 소유하고 싶은 마음이 들면 스스로 감정 조절이 잘되지 않는다. 여자는 남자의 이러한 공격성을 알고 '매우 수동적인' 반응을 보이면서 그 충동을 받아들이는 것도 나쁘지 않을 것이다.

차이 속에서 꽃피우는 사랑

지금까지 살펴본 것처럼 남자와 여자의 성적 차이는 단순히 육체적·정신적인 차이에 의한 것만은 아니다.

남녀의 성적 특성을 파악하기 위해 치료학이나 위생학의 연구는 물론 심리학의 연구까지 다양하게 진행되어 왔지만 여전히 만족스러운 결과는 나오지 못했다. 성의 기계화나 도구화, 사랑에 관한 약물 치료, 궁극적으로 생식과 연결되는 부담감을 덜기 위한 노력 들도 실패했다.

남자와 여자가 다르다는 것이 오랫동안 남자가 여자보다 우위에 있다는 근거로 작용했다. 이제 더 이상 남녀 간의 차이가 음란한 성적 대화를 즐기거나 성 관계의 건수를 올리는 데 악용되어서는 안 된다.

더욱이 다른 사람이 성적으로 어떻게 반응하는가를 안다고 해서 그 사람을 사랑의 포로로 만들 수는 없는 일이다. '매일 똑같은' 성생활의 권태에서 벗어나려고 한다는 구실로 모든 성적 가능성을 탐험하면서 성이라는 것을 시험대에 올리는 것은 단지 육체적인 쾌락에만 집착한 것에 지나지 않는다. 더욱이 이것은 남녀 간의 정신적 성숙과 이해에는 전혀 도움이 되지 않는다.

오로지 사랑하는 행위에 의해서만 서로 간의 진정한 대화와 격려가 이뤄질 수 있다. 서로를 사랑하지 않고는 쉽사리 관계를 맺을 수 없어야 하고, 사랑 또한 한편으로 쉽게 이해할 수 없는 어떤 것으로 남아야 한다.

오해와 실수, 조롱과 무관심 등은 그만큼 타인을 이해하는 데 밑받침이 되기도 한다. 성적인 차이는 문화적이거나 경제적인 차이 등과는 다르며, 같은 방식으로 다루어져서도 안 된다. 남자와 여자는 차이가 있다기보다는 다르기 때문이다.

사랑은 기쁨이자 시련이다. 철학자 레비나스°가 『시간과 타자』에서 한 말을 빌린다면 사랑을 이렇게 말할 수 있을 것이다.

"사랑하는 관계에서 대화의 실패는 곧 그 관계가 얼마나 확고한지를 보여 주는 것이다. 타자의 부재가 역으로 타자의 현존을 드러내 주듯이 말이다."

● ● ●

엠마누엘 레비나스(1906~1995) 리투아니아 태생의 프랑스 철학자로, 후설과 하이데거 밑에서 공부하고 프랑스에 이들을 최초로 소개했다. 초기에는 현상학자로 활동했으나, 이후 인간 존재의 기반이 자기 자신이 아니라 타자의 관계 속에 있음을 주창함으로써 데카르트 이후 '생각하는 나'를 인식의 출발점으로 삼았던 서양 철학의 근본을 뒤흔드는 전위적인 사상을 펼쳤다. 지은 책으로는 『시간과 타자』, 『존재에서 존재자로』 등이 있다.

성욕을 위한 성은 잊어버리자. 그렇다고 욕구와 쾌락이 드러나는 양상이 달라질 뿐 그 원천은 사라지지 않는다. 사랑은 그 안에서 혹은 그 밖에서 새로 싹튼다.

인간은 서로에게 사랑을 주고받으며 살아가는 존재이다. 그리고 사랑은 성이 어리석은 말을 되풀이할 때 혁신을 일으키고 늘 새롭게 소생한다.

더 읽어 볼 책들

- 구성애, 『구성애의 빨간책』(올리브, 2003).

- 김은실, 『여성의 몸, 몸의 문화정치학』(또하나의문화, 2001).

- 귄터 아멘트, 이용숙 옮김, 『섹스북』(박영률출판사, 2000).

- 데즈먼드 모리스, 김석희 옮김, 『털 없는 원숭이』(문예춘추사, 2006).

- 린다 마다라스 · 아레아 마다라스, 권진욱 옮김, 『미치도록 궁금한 남자의 몸』(웅진지식하우스, 2005).

- 린다 마다라스 · 아레아 마다라스, 권진욱 옮김, 『미치도록 궁금한 여자의 몸』(웅진지식하우스, 2005).

- 셰어 하이트, 안중식 옮김, 『왜 여자는 여자를 싫어할까?』(지식여행, 2005).

- 셰어 하이트, 이경미 옮김, 『기업과 섹슈얼리티』(굿모닝미디어, 2002).

- 제러드 다이아몬드, 임지원 옮김, 『섹스의 진화』(사이언스북스, 2005).

- 토마스 퀴네, 박은주 · 조경식 옮김, 『남성의 역사』(솔출판사, 2001).

- 프로이트, 김정일 옮김, 『성욕에 관한 세 편의 에세이』(열린책들, 1997).

논술·구술 시험은 논리적이고 종합적인 사고를 요구한다. 다음에 제시된 문제는 이 책의 주제와 연관이 있는 논술·구술 기출 문제이다. 이 책을 통하여 습득한 과학적 지식과 원리, 입체적이고 논리적인 접근 방식을 활용하여 스스로 문제에 답해 보자.

▶ '여자는 태어나는 것이 아니라 만들어지는 것'이라는 말에 대한 자신의 견해를 말하시오.

▶ 페미니즘이란 무엇인지 말하시오.

▶ 1973년에 '모자보건법'은 처음 제정한 이후 여러 번의 개정의 거쳐 시행되고 있다. 그러나 사회 일각에서는 이 법의 독소 조항을 들어 실행 초기부터 오늘날까지 끊임없이 이 법의 폐지를 요구하고 있다. 이 법 제 14조에는 인공임신중절수술, 소위 낙태 허용의 한계와 관련된 조항이 있는데, 이에 대한 견해를 말하라.

▶ 남자와 여자의 성적인 차이를 생물학적 측면과 사회적인 측면으로 나누어 구체적인 예를 들어 혼전 순결에 대한 자신의 입장을 말해 보라.

옮긴이 | 윤소영

홍익대 불문과를 졸업하고 프랑스 앙제 가톨릭 대학에 유학했다. 현재 전문 번역가로 활동 중이다.

민음 바칼로레아 21

남자와 여자, 정말 평등할 수 있을까?

2판 1쇄 펴냄 2021년 3월 30일
2판 5쇄 펴냄 2024년 8월 8일

1판 1쇄 펴냄 2006년 3월 17일
1판 3쇄 펴냄 2013년 9월 19일

지은이 | 루시엥 샤비
감수자 | 강동우, 백혜경
옮긴이 | 윤소영
발행인 | 박근섭
펴낸곳 | ㈜민음인

출판등록 | 2009. 10. 8 (제2009-000273호)
주소 | 06027 서울 강남구 도산대로 1길 62 강남출판문화센터 5층
전화 | 영업부 515-2000 편집부 3446-8774 **팩시밀리** 515-2007
홈페이지 | minumin.minumsa.com

도서 파본 등의 이유로 반송이 필요할 경우에는 구매처에서 교환하시고
출판사 교환이 필요할 경우에는 아래 주소로 반송 사유를 적어 도서와 함께 보내주세요.
06027 서울 강남구 도산대로 1길 62 강남출판문화센터 6층 민음인 마케팅부

한국어판 © (주)민음인, 2006. Printed in Seoul, Korea
ISBN 979 11-5888-783-4 04000
ISBN 979 11-5888-823-7 04000(set)

㈜민음인은 민음사 출판 그룹의 자회사입니다.